두 그루의 가시나무

이 도서의 국립중앙도서관 출판예정도서목록(CIP)은 서지정보유통지원시스템 홈페이지(http://seoji.nl.go.kr)와 국가자료종합목록 구축시스템(http://kolis-net.nl.go.kr)에서 이용하실 수 있습니다.
(CIP제어번호 : CIP2019042602)

지혜사랑 208

두 그루의 가시나무

김순일

지혜

시인의 말

올해로 등단한지 40년,
그리고 만 나이로 80, 산수傘壽를 맞아
열세 번째 시집을 엮는다.
그렇다고 특별하다고는 생각하지 않는다.
헛나이를 먹나(?) 늘 부족하다.

우리는 삼대가 사는 대가족이다.
함께 지지고 볶으며 사는 즐거움도 크다.
그리고, 나에게 젊음을 충전해주는 원천이기도 하다.
그래서 가족들과 함께 사는 얘기가 몇 편 들어 있다.

언제까지 시를 쓸 수 있을까
사는 날까지 시와 함께하였으면 좋겠다.
술꾼이 술에 미쳐 망하듯,
시를 좋아하는 나는 시로 망했으면 좋겠다.

2019년 늦가을에
愚山 김 순 일

차례

2부 산수傘壽

3부 빼뚜름한 뒷굽

4부 山에 듣는 비에서 신맛이 난다

• 일러두기
한 연이 첫 번째 행에서 시작될 때는 > 로 표시합니다.

1부

어머니의 은가락지

남겨두다

새들이 날아간다 가다가
날개 힘이 다할 때쯤이면
남은 힘 접어 잠시 쉬었다 간다

느릿느릿 장자의 물이 흘러간다
가다가 쉬다가 잠시 낮잠에 들다가
세상 사람들의 속내도 들여다보다가 멍 때리다가

사랑도 한 번에 다 쏟으면
사랑독이 올라
예쁘던 얼굴도 일찍 시든다고 한다
가끔은 좀 떨어져서
그리움의 갈증을 풀어줄 샘을 파야 한다고

오늘은 가야산 등산을 하였다
산에만 가면 정상에 빨리 오르려고
힘을 급하게 다 쏟던 이들이
하나 둘…… 산에서 멀어지고 있다

나는 오늘도
정상을 남겨두고 왔다

山羊에게

내 詩의

발바닥

너무 단단하다

네가 손 흔들고 있는

바위산 정상에

너처럼 오르려면

내 詩의 발바닥

얼마나 말랑말랑해져야 하나?

말랑말랑

두부콩을 갈고 있는 시어머니와 며느리의 웃음소리 말랑말랑

김이 모락모락 나는 두부에 곰삭은 김치 얹어 먹는 맛 말랑말랑

투거리 된장 끓는 소리 말랑말랑

울 밖으로 번져 나가는 두부된장 냄새 말랑말랑

삼대가 비잉 둘러앉은 밥상머리 말랑말랑

아홉 식구 숟가락 부딪치는 소리 말랑말랑

보오얀 달덩이 연초록 알몸을 자아 내리는 봄밤

말랑말랑한 아내의 바다에, 푸지게

물오른 알을 푸는 나의 숨소리 말랑말랑

가벼이 가벼이

위만 쳐다보며 살아온 나의 목이 뻣뻣해지고 앞만 바라보며 빨리빨리 걸어온 발목이 부어오른 나를 보고 침쟁이가 힘을 빼고 가벼이 가벼이, 천천히 걸으라고 한다
풀벌레 노래도 들어보고 흐르는 냇물 속도 들여다보고 뒷동산 바람소리도 만져보며 가벼이 가벼이, 천천히 걸으라고 한다

경전의 등줄기도 찾아가 보라는 이도 만났다
숲속의 작은 호숫가에 반나절만 앉아 있어보라는 이도 만났다
백두대간을 종주해 보라는 이도 만났다
그믐밤 공동묘지에서 활개를 펴고 누워 별을 헤어보라는 이도 만났다

목에 핏대를 세우고 북치고 장구치는 광장의 말이 말이 아니라는 것을 보았다
뱃대기에 기름기 가득 실은 황금이 황금이 아니라는 것을 보았다
서슬이 시퍼런 칼이 칼이 아니라는 것을 보았다

나는 시장바닥에서 살기로 하였다
땀내 비린내 고린내 범벅이 되어 고달픈 상처투성이들이

붐비는 시장바닥을 찾아 가벼이 가벼이 들어가는 길을 닦고 있는 중이다

거울보살

— 때

오늘도 서광사 새벽 범종소리
내 가슴 속 찌든 때를 보듬어주고 갔지만
그때 뿐, 바로 고개를 쳐드는 칙칙한 때

매일 새벽이슬 같은 염불로 씻고 닦아도
교언영색의 혀를 날름대며 앞장서는
곰팡이처럼 서식하는 내 속의 때를
어찌해야 하나?

상왕산 개심사 심검당에서
십년이 넘게 면벽을 하고 빌고 빌었지만
내 마음을 열고 씻어줄
보살을 만날 수 없었네

매일 아침 깎아도 다시 얼굴을 내미는 수염을 다듬듯
때, 너도 매일 쓰다듬어주며 함께 살아야 할
내 속의 어엿한 속인가?

머리가 허연해지면서
그동안 밖에서만 찾아 헤매던 보살이
내 안에 살고 있다는 것을 알았네

>

양귀비처럼 몰래 피어
나보다 앞장서서 꼬리치고 알랑대는
바로 내 마음의 때가
나를 비춰주는 거울보살이라는 것을 알았네

번데기

노랑나비가 될 거야
훨훨 날아 하늘나라 공주, 노랑나비가 될 거야

미꾸라지 너에게도 꿈이 있니?
이무기라도 되겠다는

하늘 향해 멍멍 짖어대는 저
개는 하늘나라 왕자라도 되고 싶은 것일까

나는 고치굴을 짓고
묵언수행, 정진하기로 하였네

그리고
펄펄 끓는 불지옥 체험을 하면
노랑나비, 하늘나라 공주가 될 거야

고치는 한 올 한 올 비단 실로 환생하고
나는 할머니 옆에 쭈구리고 앉아 군침을 삼키는
아이들의 군것거리가 되고서야
나를 알게 되었네

몸보시 보시한 이승이
나의 하늘이었네

어머니의 사과

어머니는 오늘도
상처 많은 사과만 사오셨네

나는 한참 자랄 때까지
팔 남매를 키우느라
성한 데 없이 멍이 들어 있는
어머니의 애간장
그걸 알지 못했네

상처 하나 없는 자식
허물 한 줄 없는
자식을 데리고 사는 어머니
어디, 하나라도 있을까?

어머니는 오늘도
팔 남매 하나 하나 어루만지듯
상처 많은 사과만 골라 사오셨네

상처 많은 사과가 맛있다며

마음밭

나의 마음밭에는 온갖 잡초가 영역 넓히기를 하며 살고 있네
쇠비름 강아지풀 토끼풀 개망초 질경이 제비꽃 애기똥풀……

틈만 나면 서로 안방마님이 되겠다고
저돌적으로 엉덩이를 디밀기도 하고
더러는 궁궐을 짓고 옥좌에 앉아
호령호령 서슬이 시퍼렇기도 하다

나는 오늘 추욱 늘어진 마음밭에
생기를 충전시키려고
산으로 가네

엉덩이 살이 너덜너덜해지도록 참나무 몽뎅이질을 해대고
온몸이 피투성이가 될 때까지 가시나무로 사정 없이 찌르기도 하고
화살나무를 찾아가 심장의 피 다 쏟아낼 때까지
화살받이로 내주기도 하였다

우레와 번개 먹구름이 지나간 하늘처럼
파랗게 시원해진 마음밭을 데리고

채 돌아서기도 전에
'나 잡아봐라, 나 잡아봐라!'
머리를 쳐들고 일어서는
뱀의 대가리

어머니의 은가락지

땅에 뿌리를 내려야 하늘 높이 날 수 있는 거야 어머니는 높이높이 날아오르는 종다리를 보라며 나의 뿌리와 팔다리를 보리밭 밟아주듯 꾹꾹 눌러 밟아주셨지

어려서부터 산으로 나무하러 엉아들 따라 다녔지 지게와 내가 한 몸이 되기까지는 오랜 세월이 쌓이고서였지

이웃 마을 독쟁이 영감네도 자주자주 들렀지 투거리 항아리 독이 되기까지는 물레 위에서 자지러지고 불가마 속에서 까무러치기 몇 번인가 그러고서야 제구실을 하게 되는 것을 보았지

삼 십리 길 서산 오일장에 어머니를 따라 가기도 하였지 별아 별 사람들, 쌓이고 쌓인 물건들을 휘둥그레 보면서 세상이 얼마나 넓고 험한지 눈치 채기도 하였지

어머니는 갓난애기 때부터 기저귀를 채워줄 때마다 고놈 잘도 생겼네 쭈쭈 쑥 하늘 향해 밀어올리고 쓰다듬어 주셨지 내 고추가 대추방망이 같은 꺼먹장아찌가 되어서야 이제 세상에 나갈 때가 되었구나 나를 풀어주셨지

금반지도 아닌 은가락지를 평생 손가락에 끼고 얼마나 아

끼고 소중하게 만지작거리며 사셨는지 아는 나이를 먹게 되었고 말이나 행동이 느리고 빛이 나지는 않지만 둥글고 단단해진 내가 세상살이를 하게 되면서 나를 이만큼 키운 어머니의 은가락지를 알게 되었지

발자국 절간

오늘 지은 절간도 바람의 경전을 섬기며 떠도는 뭉게구름이다

미꾸라지는 진흙펄 속에 사원을 짓고 개미도 토굴을 짓고 수행을 하는데 나는 왜 기둥도 세울 수 없는 빈 하늘에 낚시를 던져놓고 잉어를 기다리는가

나는 오늘
애기똥풀이 잡풀 더미 속에 지은 노오란 애기똥풀꽃 절간을 바라보다가 날 수 없는 나의 날개를 싹싹 지우고 서산 장터 골목집 목로에 앉아 막걸리를 마셨지 너덜너덜한 세상사 시원하게 씻어 내리는 나의 목구멍이 절간으로 가는 길이 아닐까 생각하였지

시큼텁텁한 막걸리의 사유가 창자 속을 훑으며 지나가면서 적막하던 가슴에 햇빛 같은 풍경소리 울려 퍼지는 거 있지

게가 절간일 거야

나는 빈 하늘에 던져놓은 낚싯대를 접고 사람들의 땀내 범벅이 되어 사는 시장바닥 발자국 자국에 절간을 짓기로 하였지

가시연꽃

꿀이 없는 헛꽃만 화려한 말의 귀신대가 서식하는 광장에 말벌 떼들이 밤낮없이 잉잉대고 있네

나는 오늘 물꿀을 먹고 헛침만 쏴대는 말벌 떼들을 뒤로 하고 풀잎이나 갉아먹으며 꿈틀대다 간 벌레* 한 마리 다비식에 갔었네

이승에 발 디디고 사는 동안 탑처럼 쌓아올린 독경소리 목탁소리 범종소리 묵언수행의 껍데기까지 모두 묶어 내놓고 질러댄 불이 시퍼렇게 타올랐네

하늘 닿게 타오르던 시퍼런 불이 다 삭아 내린 잿무덤에서 꼿꼿이 일어서는 가시 하나, 꽃 한송이 두 손으로 받쳐 들고 일어서는 가시 없는 큰 가시 하나 만났네

내 심장이 한창 팔팔하고 교만하던 때 부처의 입에서 피어나는 꽃에도 가시가 있다고 목구멍을 넘기지 못하던 그 가시!

그동안 밤길을 헤매던 내 발의 심장에 그 가시가 빛처럼 박히고 하얀 피 한 줄기 솟구쳐 올랐다가 잿무덤에 묻히는 것이었네

>

잿무덤!

게가 내 발의 심장이 칠흑 어둠을 헤치고 찾아 헤매던 사랑에 대한 사유의 자궁이라는 것을 알았네

* 조오현 스님.

책벌레

봄 향기 무르익는 날 말벌 한 마리 찾아왔네

공원이나 산은 가슴이 없는 사람들에게 내주고 말벌 한 마리 코를 벌룸거리며 퀘퀘한 책들이 졸고 있는 우산재*를 찾아 왔네

삼국유사 갈피에서 선덕을 만나 두 손을 덥썩 잡고 별꽃 얘기로 시간 가는 줄 모르다가

노장을 만나서는 이건 사람 냄새가 아니지 고개를 저으며 서산장터**찾아 가네 온갖 희로애락이 범벅이 된 사람들을 만나보고 제자골목으로 접어드네 아직도 떨이를 못한 쑥 냉이를 갖고 나온 벌말 아주메 시금치 단을 펼쳐놓고 앉아 있는 갈티 할메……메마른 가슴을 쓸어주네

소월의 진달래밭을 쏴다니다가 숲의나라***로 들어갔네

한나절이 넘도록 퀘퀘한 향내에 취한 말벌 한 마리 잠시 소파에 기대 앉아 가는 코를 골며 나비잠 속으로 젖어드네

꿈길에서 전생의 선비라도 만났는지 손을 잡고 쓰다듬다가 빙긋 빙긋 웃고 있네

* 우산재 : 본인의 서재. 작은도서관.
** 서산장터 : 본인의 다섯 번째 시집.
*** 숲의나라 : 본인의 일곱 번째 시집.

무주암無住岩*

주인이 없네

문경새재 과거길 넘느라고 고달픈 삭신이야 하루 이틀 쉬면 되는 거지만 벌써 몇 번째인가 과거마당에서 멍든 가슴 달래며 넘어가는데는 홍얼홍얼 막걸리만한 것이 없지

막걸리는 거나하게 마셨는데 주인 아주메가 없네 무주암에 놓고 가야지 하다가 두 눈 딱 감고 지전 몇 잎 슬쩍하고 그냥 가는 선비(?)도 있었겠지 그의 주인은 누구인가 지전 몇 잎인가 과거급젠가 정승판선가

그런 생각에 젖어 있는 죄 많은 나의 주인은 누구란 말인가

개심사 심검당에 들어 묵언수행을 하며 시퍼런 칼로 나의 마음을 열어보았지만, 간월암 무학도 찾아가 보았지만 천수만에 떠오르는 달을 가리킬 뿐

인도까지 갔었네 붓다가 열반한 사라수 밑에 앉아 나를 찾게 해달라고 빌었지만 '이놈아 붓다는 붓다일 뿐 너의 주인을 어찌 예 와서 찾느냐'며 등을 떠미는 것이었네

나의 주인은 어디에 무엇으로 있는 것인가 매일 먹는 밥 속에 있나 아니면 내 창자 속에 가득 차 있는 구린내로 뭉쳐 있는 것인가

아니, 나의 주인도 지전 몇 잎이었나?

나는 급히 되돌아가 무주암 너럭바위 주머니에 막걸리 값을 찔러주고 돌아섰네

* 무주암: 문경새재 과거길에 있는 바위. 과객들이 막걸리를 마시고 돈을 놓고 갔다는 너럭바위.

초록의 의지

무지개의 날개가 폭염의 불몽뎅이를 맞고 누렁잎집니다

하늘엔 비의 새끼집을 말려 죽이는 불구름떼가 흉흉합니다

남색짜리* 가랑이를 용접공들이 틀어막고 있습니다

보라탈**을 쓰고 춤추는 으아리꽃 자궁엔 씨 없는 달이 장송곡을 연주합니다

폭염 위에 또 조폭 폭염이 망나니 칼을 휘두르는데
저건 누군가?

불타는 아스콘 허벅지를 뚫고 한사코 머리를 들어올리는

질경이의 초록 의지!

내일은 무지개의 날개에 입을 맞추고 사랑을 심어 줄 해님을 빚을 것이다

* 남색짜리 : 머리를 쪽찌고 남색 치마를 입은 스무 살 안팎의 새색씨.
** 보라탈 : 탈춤놀이에 쓰는 보랏빛의 탈.

2부

산수傘壽

어머니가 본 나의 시는 어떤 사과인가

낮에도 별을 따겠다고 허공을 헤집고 다니는 나에게 제발 내일 새벽엔 부춘산에 올라 태양을 품어보라는 어머니에게 나는 늘 청개구리였지

거웃이 우거진 숲에 대추방망이 하나 크고 단단하게 자라면서 막무가내로 욕망의 동굴을 뚫으며 살았지

복숭아꽃 허벅지 사이에 별궁을 짓고 도원을 꿈꾸다가 골수가 말라 흐느적거리기도 하였지

술독에 똬리를 틀고 앉아 주선酒仙에 들겠다고 큰 소리 치다가 한파에 갇혀서 동태가 되어 저승문 앞까지 갔다가 돌아왔지

마추픽추에서 태양신과 교접을 하고 왔다며 히죽이죽 시렁시렁하는 나를 보고 악귀가 붙어온 것이 틀림없다며 달포가 넘게 차린 굿 때문에 진짜귀신이 될 뻔도 하였고

부처를 찾아 인도에 갔었지만 적막 한 술 얻어먹지도 못하고 땡추병에 걸려 나란 놈까지 놓쳐버릴 뻔하였다가 간신히 정신의 뼈다귀 몇 점 추려 돌아오기도 하였지

>

요즈음 꿈길에서 더러더러 어머니를 만나기도 하는데

평생 성한데 하나 없는 멍꽃을 데리고 살면서도 흠집 하나 없는 사과만 먹겠다고 떼를 쓰는 나에게 상처 많은 사과가 더 맛있는 거라며 나를 달랬던 어머니는

우산재에 들러 나의 시를 주욱 둘러보시고는 ‘어머니가 본 나의 시는 어떤 사과인가’를 뽑아 드시고 그려그려 가시는 거 있지

산수傘壽

눈 코 입 귀 뿐이랴
오장육부五臟六腑 팔다리까지
다 헐거워졌네

모처럼 옷장에 가두어 두었던 양복을 꺼내 입고 예식장에 갔었네 봄날 꽃바람도 거들떠 보지 않고 저만치 비껴서 가데

어시장 목로에 앉아 친구들과 소주를 마시다 보면 말술을 마시던 친구들까지 한두 잔 드는 척하다가 소주잔을 슬그머니 밀쳐 놓네

지나가는 여자들의 향긋한 살냄새 앞에서도 그냥 무덤덤하네

주머니에 지전 한 장 없어도 크게 불편하지 않네

詩, 돈이 되니 명예가 되니 권세가 되니
쓰잘데없는 생각 다 버리니
늘그막에 시가 조금 보이기 시작하네

오늘도 산에 오른다

천천히 오르는 숨소리가 산하고 딱 맞네
점점 산이 나이고 내가 산이 되어가면서
하늘 가는 길이 조금씩 조금씩 보이네

공원에서 나를 줍다

별이 서늘한 가을 날
우산재 앞 공원에서
낙엽을 줍는다

벌레 먹고
병들고
거무칙칙하고

세월에 할퀴고 찢긴
낙엽을 골라 줍는다

상처 많은
'나'를 줍는다

할아베

바텡이 하나
장독대 뒤쪽으로 밀려나
시무룩하니 앉아 있네

한창 때는
아랫목 한가운데 의젓하게 앉아
윤기 바르르한 목소리로
탕! 탕!
목울대에 힘주고 살았는데

여기 저기 두드려 봐도
처얼 철 처르르
누우런 가래만 끓고

눈만 껌뻑거리며
멍 하니
먼산바라기만 하고 있네

이젠 장독대 밑으로 치워놓은
바텡이 하나

먼 하늘만 찾아와 놀다 가네

봄 햇살 같은 고부의 웃음소리

봄 햇살 같은 고부의 웃음소리
고수하다
도란도란 얘기 끝에 들려오는
저 웃음소리 너무 고수해
꾸무럭대던 새벽잠이
번쩍 눈을 뜬다

김치 두부된장찌개만 있어도
웃음소리 버무려 먹는
밥맛이 고수하다

밖에서 만나는 사람들이 살갑다

목로에 앉아 친구들과 마시는 술맛도
웃음 맛처럼 고수하다

늦게, 아주 늦게서야

두 살 박이 손녀가
계단을 오르락내리락 놀고 있습니다

오르고 내리며 기우뚱 비틀
아슬아슬 중심을 잡으며 웃습니다

저 손녀도 자라면서
위로 위로
내가 그랬던 것처럼
오르려고만 하지 않을까

머리를 위로만 곧추 세우고 살면서
하느님은 저 꼭대기에 계실 줄만 알았던

내가 나이든 아이가 되면서
아래로 아래로
철든 아이가 되어가고 있습니다

늦게
아주 늦게서야

하느님은
낮고 낮은 아래에 있다는 것을 알았습니다

노랑 노래 소리

연초록 햇살이
실로폰 소리처럼 내리는 꽃밭에서
여섯 살 다민이가
수선화에 귀를 대고
노랑 노래 소리가 들린다며
나비손짓을 한다

하양 보라 분홍 초록 봄노래 속에서
수선화랑 노랑 노래를 부르고 있는
손녀의 사진 한 장
가슴 깊이 새겨 두는
봄날

인사를 잘하면

유치원에 간다 다섯 살 박이
손녀 다경이의 손을 잡고
천사유치원에 간다

지나가는 사람들 만날 때마다
안녕하세요?

아이들한테도
안녕! 안녕!

용접공장 앞을 지나다가
잠시 쉬며 담배 피고 있는 사람에게도
아저씨 안녕하세요?

안녕!

그래, 인사를 잘하면
인생 팔할은 성공한 거란다

행복 나누어주려고

여섯 살 일곱 살 박이 두 손녀가
나는 커서 발레선생님이 될 거야
난 국수가게 주인이 될 거야

할아버지는 무엇이 되고 싶었어?
장군이나 대통령이 될 거라고 하였는데…

지금은?
글쎄…… 좋은 할아버지도 못되었지

작은 손녀에게 물었다
너는 왜 국수가게 주인이 되고 싶은데
국수 실컷 먹으려고?

아니
사람들에게 행복 나누어 주려고

삼대三代

한 입에 먹고 싶다
손자 손녀의 웃음소리

달다 달아
아들 며느리 웃음소리
말랑말랑 홍시처럼 달다

주름살 덩실덩실
할머니 할아버지 웃음소리
팥죽처럼 따뜻 따뜻

나비잠도 자다가

이사를 하였다 둥그런 산이 내려다보이는 아파트로 이사를 하였다

새새새새 아기새가 엄마를 찾으면 새야새야새야 엄마새가 젖을 물리는
뽀어꾹 뽀어꾹 엄마를 찾으면 뻐꾹 뻐꾹 엄마새가 젖을 물리는
구구구구 구국구국 꾀꼴 꾀꼴 둥그런 산의 품에서 아기새 엄마새 아빠새까지 둥그렇게 품고 사는

나도 네살 박이 다연이랑 함께 새들과 놀다가 해가는 줄도 모르고 놀다가 염소구름 토끼구름 솜사탕구름 냠냠 먹다가

솔바람 소리를 보다가 웃다가 하늘을 보다가 한낮 나비잠도 자다가

뿔

'물의 뿔' 행복하다는 마음이 있으면 생기는 것이라고 써 놓았다

'수영장의 뿔' 수영을 잘하는 아이 그리고 다시 하고 싶은 사람이라고 써 놓았다

유치원에 다니는 그리고 초등학교 일학년 손녀아이가 써 놓은 글이다

또 '天'자에 뿔이 하나 돋아 있다
유치원에 다니는 손자아이가 쓴 것이라고 한다
하늘의 뿔이라고, 천사라고 그런다

뿔!
그동안 내가 스을슬 피하며 살아온 뿔
쇠뿔 염생이뿔 개뿔 쥐뿔 도깨비뿔……
무서운 뿔들이 많았는데

나도
'詩의 뿔'이라고 써놓았다

나의 둠벙에도 詩의 연꽃이 피라고

천천히

상왕산에 오른다
빨리 오르려고 할수록
더 가파르고 까마득한 정상

느릿느릿 뒤 따라오던
개심사 스님 목탁소리
풀꽃들의 아기꿈도 보듬어 보고
산죽이랑 허리 잘린 소나무의 속내도 맡아 보고
봄옷으로 갈아입고 나온 철쭉
산골 아가씨의 수줍은 미소도 품어보고
오랜만이구나 팥배나무 대패집나무 화살나무
바람이 들려주는 세상 쓰고 달고 시고 매운 상처도
달래며 함께 오르자고 한다

가쁘지 않았다

내려올 때도 처언천히
후들거리던 무릎 관절 새 새에서
얼싸안고 뒹구는 암수 파랑새의 교성

무겁던 관절 관절이
봄, 봄이다

우리 집은 대가족

여섯 살 일곱 살 박이 두 손녀의
손을 잡고 천사유치원에 간다

안녕하세요?

길에서 만나는 사람들도 인사를 받아
안녕! 안녕!

아침 해도 안녕 인사하며 파랗게 웃는다

묻지도 않는 말에
저기요, 우리 집은 대가족이어요

어, 그래 몇 명나 사는데?

아홉이요

우리 집에 사랑을 사랑을
우리 집에 평화를 평화를

파랑새 노래 소리 따라 천사유치원 가는 길

아침 해도 함께 노래를 부른다

두 그루의 가시나무
— 부부

부부는
두 그루의 가시나무

꽃그늘 속에서
사랑사랑 사랑노래를 부르다가
자작자작 금이 가기 시작하면
가슴에 가시가 돋아나고
혀에도 가시가 돋아나고
눈에도 가시가 돋아나고
웬수 웬수!가 된다

파경이 되지 않도록
장미를 가꾸듯
아카시아를 키우듯
서로
거름도 주고
북도 주고
벌레도 잡아주며
가시가 있는 듯 없는 듯
평생 가슴을 맞대고 살아야 할

부부는
두 그루의 가시나무

여보시오들, 당신네 집에 손자 손녀 있남

노인회관에 동네 노인들이 모여 있다
한 분이 벌떡 일어서더니
주욱 둘러보며
여보시오들, 당신네 집에 손자 손녀 있남?

온 집안이 떠들썩하게 살아나는
'응아, 응아' 아기 울음소리
TV를 보다가 서로 제것 보겠다고
티격태격 싸우다가 울다가 놀다가
감자 고구마 옥수수 감 밤……
서로 많이 먹겠다고 다투다가 침도 발라 놓다가
김치도 잘 먹지
꿈틀꿈틀하는 산낙지도 서로 먹겠다고 젓가락 뒤엉키고

우리 집 할메 할아베는
손자 손녀 여덟 명이랑 함께 살고 있다며
주름살 펴지는 너털웃음을 웃어댄다

늙은 호박

개똥밭에 노란 웃음덩이가 뒹굴고 있네 애호박의 비린 동굴을 헤치고 나온 늙은 호박이 미륵처럼 품이 넓은 웃음으로 뒹굴고 있네

할머니는 호박죽을 잘 쑤셨지 부글부글 끓는 냄새에 군침을 달구던 식구들이 둘러앉아 먹을 때면 노오란 웃음이 집안 구석구석 포롱포롱 날아다녔지 호박고지떡도 맛있었지만 할머니가 까주던 호박씨는 고숩고 고수웠지 많이 먹으면 몸에 이가 끓는다는 할머니의 말귀를 못 알아듣는 척 형이나 동생들보다 더 많이 먹으려고 냉큼 입안에 털어 넣다가 꿀밤을 많이도 먹었었지

고숩고 고숩던 그 웃음덩이가 개똥밭에 누런 웃음덩이로 뒹굴고 있네

흑백사진 한 장

난달에서 찬바람을 막지 못해 떨며 살았지만
이웃 부잣집 때문이라고 생각하지 않았지

지난 밤 씨암탉이 없어졌다고
동네 총각들, 그놈들 짓이겠지
그저 그러려니 하면서

나보다 더 추위에 떠는 사람을 만나면
뜨뜻한 국 한 대접이라도 먹여서 보내야
속이 편안하였지

함박눈이 펑펑 내리는 날이 아니어도
화롯가에 둘러앉아 군밤맛 같은
할머니의 옛날 얘기
콩쥐팥쥐 흥부와 놀부 금도끼 은도끼……를 들으며
총총하게 영글어 가던 눈망울들이
무엇과도 바꿀 수 없는
큰 재산이었던

요즈음 그 모습들이 간절하게 다가오는
흑백사진 한 장

집

대문이, 사립문도 아예 없는
동네 바람 산과 강 그리고 바다 바람도
제멋대로 들어와 한참을 놀다 가는

질경이 쇠비름 달개비 제비꽃 냉이 강아지풀……들이 도란도란 사는
채송화 봉숭아 맨드라미 백일홍 맘대로 웃고 사는

개미 땅강아지 쥐며느리 굼벵이 지렁이 들이 편하게 숨쉬는
나비 잠자리 매미 땅개비 거미도 함께 사는

낙엽이 모여 굴러다니고 귀뚜라미가 우는
감나무 오동나무가 겨울바람 속에서도 오롯한

아이들이 웃다 울다 싸우다 놀다 하는 마당이 있는
동네 아주메들이 아무 때나 드나들며 수다를 떨다 가는

초저녁이면 식구들 둥그렇게 앉아 아기의 재롱에 한바탕 웃어대는

삼대가 함께 사는

아귀맞춤

새로 집을 짓고 이사를 하였다 내가 태어난 날이었다
이 우연의 아귀맞춤

한밤 중 웅성 웅성 뚝딱 뚝딱
창문과 창틀 벽과 벽지 문과 기둥 천정과 방바닥 장롱과 화장대 책상과 책 냉장고와 세척기 밥솥과 밥그릇 수저와 밥상 장독대와 항아리 들이 아귀맞춤을 하느라 웅성웅성 뚝딱뚝딱

열중 쉬어 차렷 앉아 일어서 종대로 횡대로, 저 후미 삐죽 나온 녀석은 누군가

삼대가, 함께 살아가야 할 식구들이 아귀를 맞추느라 이리 뒤척 저리 뒤척 뒹굴어가며 모난 뼈 살덩이 갈고 달래고

포근한 아침해를 품기 위해

일찍이

일찍이 시시한 詩 때려치고
도사 수련을 하였더라면
백두대간 중심에
대궐 같은 절간을 짓거나
서울 한복판 광장에
하늘 닿는 십자가를 세우고
아니면 천하제일 무당이라도 되어
그것도 아니면
옥좌에 앉아
사이비 미소를 앞세워
해와 달을 꿰차고
에헴! 하며 살 수 있었을 터인데……

아니지, 아니지!

허연 머리 다 빠지도록
골방에 틀어박혀 詩의 자궁이나 파며
궁상이나 떨고 있는

내가 어쩌면
저승길도 웃음을 날리며 가게 되리라는
어린애만도 못한 생각이 드는
요즈음

詩를 좋아하는 나는 詩로 망했으면

술을 좋아하는 사람은 술로 망하고
색을 좋아하는 사람은 색으로 망하고
황금을 좋아하는 사람은 황금으로 망하고
칼을 좋아하는 사람은 칼로 망하고

詩를 좋아하는
나는
詩로 망했으면

3부

빼뚜름한 뒷굽

어둠의 말씀

빛을 닮겠다고 따라하지 마시게
빛을 우러러 모시지 마시게
두 눈이 멀게 되리니

빛만이 정의라고
신전을 세우고 춤을 추지 마시게

낮이 가면 밤이 오고
밤이 가면 낮이 오고

빛과 어둠은 겉과 속

해가 지니
호랑이도 개미도 날파리도
어둠의 집으로 가네

자신의 뒤뜰을 쓸고 잠시
빛나는 어둠의 눈빛을 보시게

풍경소리

혼자서는 뎅그렁 뎅그렁 소리를 열 수 없다
대웅전 처마 끝 풍경소리 혼자서는
사납게 출렁이는 난바다에 나가 항해할 수 없다

바람이 날개를 달아주어
땀내 비린내 구린내 나는, 절뚝거리는 삶 속에서
함께 웃고 울고 살 비비며 한 몸이 될 때
뎅그렁 뎅그렁 상처를 핥아주는 사랑의
꽃이 피는 거라네

토굴 속에서
어둠의 젖꼭지를 더듬고 있는 목탁이
혼자서 세우려는 절간엔
땀내 나는 사랑이 없지

나는 오늘
난바다에 나온 풍경소리와 함께
땀내 비린내 범벅이 되어 출렁이는
서산 장터로 탱그랑 탱그랑 나간다

좀벌레

어머니께서 시집올 때 함께 온 자개농
매일 털고 닦고 연륜의 때가 방글방글 윤이 나는데
어느 날부턴가 속에서 쏟아져 내리는 나무 가루

좀벌레가 살고 있었네

입속을 닦아내고 콧속 배꼽 속도 닦아내고
구멍이란 구멍 땀구멍까지 매일 닦아내고
화장하고 향수까지 뿌리고 나서는
내 마음 속에 살고 있는
'ㅂ'자로 시작하는 부정 불의 비리 배신 불법……
'ㅅ'자로 시작하는 사기 시기 새치기 살인……
곰팡이 슬은 말의 좀벌레를 어찌해야 하나

오늘 아침도 일찌감치 향수까지 뿌리고 나서는
나는 내 속에 자리 잡고 꿈틀대는
좀벌레를 비단옷으로 가리고
이웃들의 하찮은 좀벌레는 남김없이 잡아내려고
칼자루 움켜쥐고 가는
나를 웃는다

침을 삼키다

그동안 뱉기만 하고 살아 왔네
돼지 같은 놈 개만도 못한 놈 능구렁이 같은 놈 박쥐 같은 놈 미꾸라지 같은 놈 도둑괭이 같은 놈 쥐새끼 같은 놈 여수 같은 놈……
퉤퉤!

내가 눈 똥에도 퉤퉤! 뱉고 돌아서며 살아왔지

늦가을 억새처럼 늙어가면서 퉤퉤 뱉던 침을 삼키기 시작하였네
뭐 같은 놈들 모두 잘 모시고 침 속에 삭혀서 삼키기 시작하였네

삼키면서 욕으로 설익었던 말들이 하루하루 곰삭아지고 꼬챙이 같은 마음도 둥그래지고 세 끼 먹는 밥도 순한 황금 똥이 되었지

눈독

너무 예뻐서
너무 잘 생겨서
눈에 넣어도 아프지 않아서
보는 사람마다
눈독을 들이는
동구 밖 소나무 한 그루

삼대 독자
할머니의 손독이 올라
골골대듯이

잘 생긴 소나무 한 그루
오고 가는 사람들의 눈독이 올라
하루하루 오갈 들더니
오늘 다 저녁 때 그만
죽어나갔네

그 자리에
노자나 장자의 나무
한 그루 심어주어야겠네
오래 오래 동네를 지켜줄

돌매화나무*

나는 밥 먹듯 하는 말을 모릅니다
나는 향내 나는 말을 모릅니다
나는 기름진 말을 모릅니다
나는 경전 같은 말도 모릅니다

밥 먹듯 하지 않는
향내 나지 않는
기름지지 않은
경전 같지 않은 말도 모릅니다

나의 말의 혀는 사막의 모래바람 속에서 삽니다
나의 말의 뿌리는 바위의 가슴 속에 묻었습니다
나의 말의 영혼은 하늘의 심장이랑 한 이불 속에서 삽니다

오직 소금사막 소금꽃 같은
꽃말 한 송이 피우기 위해서 숨을 쉽니다

* 세상에서 키가 가장 작은 나무. 제주도 한라산 정상 부근 바위에서 자라는 상록 관목.

박쥐

해와 달밖에 모르지 동굴 속에 거꾸로 매달려, 수행이란 말 나는 그런 거 모르지, 빛을 죽이는 오직 그 일념으로 살다가 해가 지면 빛의 똥뎅이를 쟁여 놓고 가벼이 가벼이 날아 하늘에 떠도는 어둠 한 됫박씩 잡아먹고 사는 그냥 박쥐지 여우가 되기도 하고 개가 되기도 늑대가 되기도 고양이가 되기도 능구렁이가 되기도 하이에나가 되기도 호랑이가 되기도……하루에 열두 번도 더 마음이란 년의 얼굴에 가면을 바꿔 쓰는 짐승들의 달콤한 악취와 동침하고 싶어 더러 침을 꿀꺽 삼키기도 하지만 아니야 나는 그냥 박쥐야 낮에는 쥐가 되어 동굴 속에서 빛을 죽이다가 밤이면 하늘에 떠도는 어둠 한 됫박씩 잡아먹고 사는 그래 나는 그냥 박쥐야

빼뚜름한 뒷굽

개심사 대웅보전 부처님 발밑에 합장하고 앉아 빌었습니다

부자 집을 만나면 높은 담을 넘어가 금고를 털고 싶고 칼자루를 쥔 사람을 보면 칼을 빼앗아 휘두르고 싶고 예쁜 여자를 만나면 속곳을 훔치고 싶고……빼뚜름한 내 마음을 열고 씻어 달라고 빌었습니다

'이런 놈 봤나 무릎 꿇고 빌지만 말고 밖에 나가 댓돌 위에 벗어논 신발들을 보거라 이놈아'
죽비로 내리치는 거 아닌가

모두 코쭝배기는 번지레 한데 뒷굽은 하나 같이 빼뚜름
스님의 검정고무신도 빼뚜름

나는 빼뚜름한 내 신발을 얼른 신고 가벼이 사람 사는 세상 속으로 내려왔습니다

헛말만 찔끔찔끔

매일 새벽 어머니는 동네 공동샘에서 물을 길어오셨다 물동이와 하나가 된 어머니는 언제나 좀 급한 일이 있을 때도 물 한 방울도 흘리지 않고 물동이를 이고 오셨다

詩단지를 가슴에 품고 살아온 지 수십 년이나 된 나는 여기저기 헛말만 찔끔찔끔 흘리며 살고 있으니 詩단지와 내가 한 몸이 되려면 얼마나 많은 세월을 더 갈고 닦아야 할는지 막막하기만 한 나는

눈물꽃

초원에서 푸른 노래를 먹고 뛰어 놀던 말의 혀가 보이지 않네
말랑말랑한 파아란 말이, 풀꽃들의 노래가 얼음벽에 갇혀 있네

얼음송곳 같은 말의 점령군이 너섬*의 요새에 더 높높이 성을 둘러치고 제 입맛에 맞지 않으면 하늘말도 타박이네

새들이 비척비척 노래의 날개가 부러진 지 오래
벌 나비들이 비실비실 둥그런 말의 알을 슬지 못하네

나루로 건너오던 파아란 물의 말들이 얼음성을 멀리 비켜서해 소금바다로 나가네 소금물로 두 귀를 싹싹 닦고 있네

설악산에서 내려왔다는 목탁이 같잖게 부처 흉내를 낸다고 난도질을 당하고 피를 쏟으면서도 얼음 박힌 너섬의 초원에 파아란 종소리를 뿌리네

햇살 같은 땅 냄새 같은 물소리 같은 바람소리 같은 파아란 말이 봄비처럼 가슴에 스며들어 속삭이네

'사랑해요'

얼음 박혔던 말의 초원에 그렁그렁 눈물꽃이 피어나네

* 여의도.

당신의 눈

처음 아버지의 지갑 속 지전을 빼낼 때는 콩닥콩닥 가슴이 터지는 줄 알았지 좀 더 자라면서 한밤중 어둠을 타고 닭서리 토끼서리……그 맛이 쏠쏠했지 그렇게 자라다가 그만 소도둑이 되었지 식구들이 다 자고 있는 새벽 송아지를 끌고 서산장터 쇠전에 나가 적당히 팔아버리고 서울 행 버스를 탔지 점점 간덩이가 커져서 뒷절 대웅전 부처님도 팔아먹고 대궐 같은 교회에서는 예수를 십자가 채 업고 나와 팔아먹고 무당네 귀신대까지 팔아 먹으며 떵떵거리며 살던 어느 날 새벽에는 하늘까지 훔쳐다 팔아먹고 싶어서 사다리를 놓고 올라가는데 빙긋이 웃으며 내려다보고 있는 당신의 눈, 그만 그 눈빛에 감전되어 내장까지 다 타버려 재가 되었는데 고향 땅에 묻히겠다고 갈 수도 없는 죄 많은 나를 강이나 바다에도 뿌릴 수 없는 나를 부처님 예수님 무당님 평생 누구처럼 두 손 빌며 살게라도 해주실 수는 없는지요

까칠한 모음과 자음이

까칠한 모음과 자음이 머리속에 詩의 거푸집을 짓는다

저녁이면 바람나서 나갔던 詩의 엉덩이가 펑퍼짐한 말떼를 데리고 돌아와 쿨쿨 잔다

황소 같은 파도가 몰려와 詩의 볼기짝을 찰싹 찰싹 때린다

소금물의 새벽은 감감하다
모래알처럼 뒹구는 모음과 자음의 쭉정이를 아무도 거들떠보지 않는다

그래도 그 쭉정이가 너섬의 둥근 지붕 그늘에서 음습하게 자란 말떼보다는 시장바닥 사람들의 땀내에 가까이 있다

나의 詩가
나무와 새와 풀과 벌레의 가슴을 적셔주는 밥이 되려면 한참 멀다

둥그런 돌탑

돌탑을 쌓고 있네 시뻘건 악다구니가 되어 마구발방으로 들쑤시는 석산에서 어리뚝한 사람 하나 둥그런 돌탑을 쌓고 있네

어금니까지 날을 세워 날뛰던 원혼들이 하루하루 순해져서 서로 손을 잡고 어깨를 맞대고 등을 기대고 업어주고 무등도 태워주며 둥그렇게 둥그렇게 올라가고 있네

햇빛이 파아란 미소로 날이 섰던 가슴을 쓰다듬어 주고
달빛이 너울너울 춤판을 벌이며 탑돌이를 하고
별빛이 연꽃 같은 사랑을 반짝 반짝 심어주네
바람이 오이맛 같은 입술로 산 너머 무불암無佛庵 목탁소리를 속삭여주네

다시 눈물을 데리고 산문으로 드는 하늘의 뒤를 따라 오는
새들도 나비도 목탁소리를 배불리 쪼아 먹고
토끼 고라니도 목어의 살점 뚝뚝 떼어 먹고
양털구름은 풍경소리 가득 싣고 산 넘고 물 건너 동네 마다 골고루 뿌려주네

석산石山이 절간이 되어 합장하네

벼랑에 버려진 소나무

자고 일어나면 팔다리 목줄때기까지 만져보고 한 모금 물을 얻기 위해 수십 리 사막의 길보다 험한 길을 가야 합니다

벼랑에 버려진 호랑이새끼처럼 매일 지옥 훈련을 하는 나는 쇠심줄보다 질기고 악마디졌습니다

옆집 진달래가 활짝 피었습니다 그 꽃은 작은 가슴에 맺힌 하늘만한 통증이라는 것을 나는 압니다

어제 밤에는 태풍이 다녀갔습니다 부춘산 옥녀봉 펑퍼짐한 정상에 사는 훤칠한 소나무들이 팔다리가 부러지고 허리가 꺾이고 어떤 놈은 뿌리째 뽑혀 죽어 나갔습니다

모진 비바람에도 잘 살아남은 내 목줄때기를 엄마 아빠 그리고 하늘이 파랗게 내려다보는 아침입니다

손맛

까치는 하늘의 손맛을 압니다
요리가 끝나지 않은 사과는 거들떠보지도 않습니다

닭은 두엄의 손맛을 압니다
간이 잘 밴 굼벵이와 지렁이를 잘 찾아 먹습니다

시장에 나온 간장 된장 고추장 맛이 똑같습니다
기계의 손맛에 익숙한 요즈음 사람들은
어머니의 손맛을 잊고 삽니다

느리고 멍청한 손맛이 배어 있는 서산 촌놈
나의 시는
기계의 손으로 빚은 태깔 좋은 시들을
멀거니 바라보며

허어, 참
그냥 웃습니다

솔잎의 눈망울

함박눈이 사뿐사뿐 날아온다 천사다 아무런 개칠도 하지 않은

환호하는 어린 아이들처럼 나도 천사의 순수를 찬양한 적이 있다

태양이 떠오르고 면사포가 녹아내린 순간 나는 하얀 욕망으로 불타는 함박눈의 본심 앞에서 넋을 잃었다

날개가 꺾이고 발목이 묶인 꿩 토끼 고라니 멧돼지 들 하얀 눈의 칼날에 목이 잘리고 허리가 부러진 나무들의 피맺힌 비명 하얀 눈의 너부죽한 궁둥이로 깔아뭉갠 푸나무 벌레들의 울음소리

나는 오늘 아침 순수의 횡포가 의사당처럼 가면을 쓴 향내로 진동하는 숲에서 그 횡포에 굴하지 않고 상처를 딛고 일어서는

파아란 솔잎의 눈망울을 보았다

4부

山에 듣는 비에서 신맛이 난다

멍청한 눈물

소가 그린 한국화의 풀밭엔
풀벌레의 노래가 살지 않는다
나비의 춤사위가 살지 않는다
배경으로 넉넉하게 품어주던
하늘과 산과 들판과 바다가 살지 않는다

소에게 던져준 화두는
600kg이 넘는 뻐얼건 살덩이

입에서 똥구멍까지 직선으로 꿰어 있는
성장 호르몬은 구제역의 전도사

이제 소들은
논밭을 짊어지고 살던
느리고 멍청한 눈물을 모른다

가면

여우 같은 나를 사임당표로 포장한다
돼지 같은 나를 백결표로 포장한다
쥐새끼 같은 나를 황희표로 포장한다
개새끼 같은 나를 성철표로 포장한다
박쥐 같은 나를 이충무공표로 포장한다
뱀 같은 나를 김대건표로 포장한다
고양이 같은 나를 세종표로 포장한다
똥뎅이 같은 나를 천사표로 포장한다

오늘도 광화문 광장에 나가
포장한 나를 진열해 놓고
북치고 나발 불며 한마당 벌인다

벌이 죽는다

벌이 죽는다

한여름 폭설이 내린다

가을 들판엔 쭉정이만 날린다

한겨울 폭우가 내린다

수벌은 발기부전

여왕벌은 불임

지구의 자궁엔

아기가 들어서지 않는다

山에 듣는 비에서 신맛이 난다

비가 내린다
희뿌연 거리를 뒤로 하고
파아란 빗소리 찾아 산에 든다

깊숙이 깊숙이 들어가도
산에 듣는 비에서도 신맛이 난다

산비둘기 뒤따라오며 운다
사람이 싫어
사람이 싫어

나의 숨결에서도 희뿌연 냄새가 나는 것일까

너도 사람이지
너도 사람이지

산비둘기 뒤따라오며 울어댄다
사람이 싫어
사람이 싫어

미세먼지

눈이 내린다 까만 가루눈이
산에도 들에도 강에도 바다에도
서울의 한복판 광장의 가슴에도 스멀스멀 내린다
시골 장마당 골목길 곰탕집 찐빵집 길 건너
복덕방 전당포 치킨가게 냉장고 TV 휴대전화 가게에도
크고 작은 공장에도
까만 깃발을 꽂고 펄럭펄럭 내린다

목화송이 같은 하얀 눈이 펑펑 내릴 때
아이들이 함박함박 웃음을 날리며 좋아하던
멍멍이의 꼬리도 살랑살랑 춤추던
웃음의 흔적까지 까맣게 지우며 내린다

요즈음은 아주 얼굴을 드러내놓고
태양의 눈도 가리고
별빛 달빛도 깡그리 뭉개고 내린다

더 노골적으로
봄날 새싹의 어린 미소에도
봄빛보다 먼저 내린다

눈이 내린다
까만 가루눈이 칼춤 추듯 내린다

폐경이다

기름불을 지핀 북극 얼음산의 심장이 콩닥콩닥
여름에도 콜록콜록하는 나의 손발은 얼음장
하늘엔 먹구름 가을 내내 찬비를 쏟아 붓는다
풀과 나무들의 몸뚱이가 퉁퉁 불어 떠내려간다
벌들이 비척비척 별꽃의 가슴엔 별이 숨쉬지 않는다
달맞이꽃에는 달이 숨쉬지 않는다
해바라기꽃의 가슴에는 해가 숨쉬지 않는다
사과꽃 배꽃의 자궁에 넘쳐흐르는 물꿀
어쩌다 날이 반짝 들고 햇볕이 쨍쨍해도
산에 들에 피는 꽃들은 자궁문 한번 열어보지 못하고
폐경이다
내일은 어느 이웃이 이름만 남기고 무너질까

탓

산 위에서 불던 바람도
바다에서 불던 바람도
코빼기도 볼 수 없다

덩실덩실 춤추며 흘러가던
구름도 감감 감감

하늘엔
태양의 불달은 욕망만
발기해 있다

폭염!
지구촌은 찜통

하느님!
내려다만 보시겠습니까?

하느님은 계시기는 계신 것입니까?

사막의 길

하늘엔 지팡이 짚고 오는 늙은 구름까지도 보이지 않네

여자가 가출한 태양의 집엔 사내의 불잉걸만 이글이글

바싹 마른 물꼬엔 말라 죽은 정자의 빈껍데기만 뒹굴 뿐

나무들의 뿌리엔 툭툭 불거진 폐유덩이가 뻗어나간다

강물이 흐르기를 멈춘 사타구니엔 사막의 모랫길이 나 있다

예서제서 열 받은 바람의 자식들만 풀풀 날린다

답답한 속도

고속도로가 곧고 넓게 뚫렸을 때 야, 신난다! 질주하는 맛이 시원했는데 갈수록 더 넓고 직선으로 뻥 뚫린 고속도로를 달리는 속도가 답답하다

어려서 시오리 학교 가는 길에 아주 쬐끔 소달구지라도 얻어 타는 날은 둑길 미루나무가 랄라랄라 손을 흔들며 지나가고 파란 하늘에 두둥실 흰구름 떼 웃음송이었는데

바람보다 빨리 질주하는 뻥! 뚫린 속도 앞에 휘청휘청 쓰러지는 나무와 구름이 어지럽다

산발치 동네에는 느긋하게 차례차례 피던 봄꽃들이 너나없이 조급해져서 서둘러 우루루 몰려왔다 파장보다 쓸쓸히 썰물지는 속도가 답답하다

촉성으로 자란 채소를 먹고 삼겹살을 먹고 빨리빨리 웃자란, 나보다 머리통 하나는 더 있는 덩치 큰 아이들이 멍!하니 땅끝을 향해 초고속으로 질주하는 속도가 답답하다

내가 타고 가는 배는

내가 타고 가는 배의 고물엔
노가 없다

노좆이 부들부들해져서
깊고 낮은 사유의 정력이 바닥이 난
내가 타고 가는 배는
꼬리 잘린 원숭이처럼
텀벙텀벙 히히히 댑니다

내가 타고 가는 배의 이물은
영혼이 없는 꿈만 무성해서
어떤 뱀의 대가리처럼
불구덩이를 향해 돌진만 합니다

시냇물에서까지 우왕좌왕하는
내가 탄 배는
하늘이 왜 파란지
바닷물이 왜 짠지
알려고도 하지 않습니다

가을하늘 아래

광장에 폐비닐 같은 악다구니들이 서로 제가 하늘이라고 건들건들 바람몰이를 하는 말의 쭉정이들을 보며 하늘에 대고 함부로 주먹밥 먹이지 말아라 하셨지 그 화살이 다시 제 가슴으로 돌아오는 거라고

한눈 팔지 않고 순한 땀이나 쏟으며 사는 우리 아베는 논밭에 벼 보리 콩 채소들이 산에 들에 나무나 풀 들이 어떻게 숨을 쉬는지 강에 사는 물이 어떤 마음으로 서로 몸을 섞으며 손잡고 흘러가는지 잠시 잠시 들여다보며 살아라 하셨지

내려놓으라거나 비우라거나 하는 말엔 땀의 영혼이 배지 않아서 무슨 그림인지 알아보기 어렵고 가을하늘 아래 서 보면 어떤 말이 빈달구지인지 어떤 말의 땀방울이 잘 영글었는지 알 수 있다고 하셨지

옷을 입었다

개가 옷을 입었다
뱀이 옷을 입었다
돼지가 옷을 입었다
쥐가 옷을 입었다
고양이가 옷을 입었다
원숭이가 옷을 입었다
늑대가 옷을 입었다
하이에나가 옷을 입었다
호랑이가 옷을 입었다

바람이 옷을 입었다
비가 옷을 입었다
눈이 옷을 입었다

알몸이던 지구가 옷을 입었다

이젠 어디로 가나

철크럭 철크럭 쇠발자국 소리
로봇군단 진군해 오는 소리

이제 코앞까지 다가왔네

대대로 살던 토굴 다 내주고
빈 몸으로 쫓겨나와 살고 있는
개미 가족들

이제 어디로 가나
이 엄동설한에
자식새끼부터 오메아베까지

이제 어디로 가나

도둑대왕

내 마음의 궁궐에 도둑대왕이 사신다
암컷 두 마리를 꿰차고 다니는 수뱀 대왕도 사신다
남의 땀방울을 훔쳐 데리고 사는 표절대왕도 사신다

오늘 밤도 나는 대시인의 곳간에 구멍을 뚫고
대박이 날 詩 한 줄기 훔쳐 먹었지

이불을 덮어쓰고 몰래몰래 냠냠 먹었지
그 맛 아주 달콤했지
눈 딱 감으면 돼 한 번씩 해보라구

그런 적 없다고?

그래 그런 마음 먹어본 적 눈곱만큼도 없겠지

땀샘이 없는

쇠비가 내립니다 땀샘이 없는
바람이 붑니다 땀샘이 없는
철새가 날아갑니다 땀샘이 없는
지폐가 사람들의 가슴 속에 쌓입니다 땀샘이 없는
광장마다 넝마 같은 말들이 날뜁니다 땀샘이 없는
장미꽃이 사랑을 속삭입니다 땀샘이 없는
등푸른집의 비둘기가 파랑파랑 날아갑니다 땀샘이 없는

땀샘이 없는 하늘
땀샘이 없는 땅
땀샘이 없는 바람
땀샘이 없는 물
땀샘이 없는 불

땀샘이 없는 신神이
땀샘이 없는 사람들의 가슴에
대궐을 짓습니다

어머니가 머리를 쓰다듬어주던
나의 웃음의 땀샘도 헐떡거리고 있습니다

거목이 죽고

하늘을 완강하게 가리던 느티나무가
벼락을 맞고 머리가 떨어져 나가고
피둥피둥하던 세도
물거품보다 먼저 사라졌다

거목의 발 아래서 기를 펴지 못하고
심장 콩닥콩닥 살던
개미 쥐며느리 굼벵이 지네……
질경이 여뀌 강아지풀 개불알풀……
실눈 뜨고 둘레둘레
휴, 가슴을 편다

아침햇살 아래 두 팔 벌린
숨소리 편안하다

해설

속도전에 경종을 울리는 조화의 세계

권 온 문학평론가

속도전에 경종을 울리는 조화의 세계

권　온 문학평론가

1.

1939년 충청남도 서산에서 출생하고 대전사범학교를 나온 김순일은 1980년『현대시학』으로 등단한 이후 40년 세월 동안 시인으로서 활동 중이다. 이번 시집『두 그루의 가시나무』는 그의 열세 번째 시집이다. 이 글은 시집에 수록된 작품 중「남겨두다」,「가벼이 가벼이」,「어머니의 사과」,「늦게, 아주 늦게서야」,「두 그루의 가시나무 —부부」,「좀벌레」,「멍청한 눈물」,「벌이 죽는다」,「답답한 속도」 등에 각별히 주목할 예정이다. 이제 김순일 시 세계 탐색은 우리에게 돌이킬 수 없는 운명이 되어버렸다.

2.

새들이 날아간다 가다가
날개 힘이 다할 때쯤이면

남은 힘 접어 잠시 쉬었다 간다

느릿느릿 장자의 물이 흘러간다
가다가 쉬다가 잠시 낮잠에 들다가
세상 사람들의 속내도 들여다보다가 멍 때리다가

사랑도 한 번에 다 쏟으면
사랑독이 올라
예쁘던 얼굴도 일찍 시든다고 한다
가끔은 좀 떨어져서
그리움의 갈증을 풀어줄 샘을 파야 한다고

오늘은 가야산 등산을 하였다
산에만 가면 정상에 빨리 오르려고
힘을 급하게 다 쏟던 이들이
하나 둘……산에서 멀어지고 있다

나는 오늘도
정상을 남겨두고 왔다
—「남겨두다」 전문

김순일의 시는 손쉬운 언어로 위대한 진실을 전달한다. 1연 3행의 "잠시 쉬었다 간다"와 2연 3행의 "잠시 낮잠에 들다가"나 "멍 때리다가"에 주목해 보자. 현대사회의 속도전에 익숙한 현대인들에게 시인이 던지는 메시지는 낯선 것일 수 있다. 그에 따르면 인간이 추구하는 최상의 덕목 중

하나인 “사랑”에 있어서도 속도 조절이 필요하다. 사랑을 “한 번에 다 쏟으면” 안 되고 연인들도 “가끔은 좀 떨어져서/ 그리움의 갈증을 풀어줄 샘을 파야 한다”는 김순일의 전언은 설득력이 크다. 시인에 의하면 “등산을” 할 때 “정상에 빨리 오르려고/ 힘을 급하게” 쏟는 것보다는 “정상을 남겨두고” 오는 일이 좋다. 한꺼번에 모든 것을 해결하려는 조급함을 버리라는 그의 조언은 느릿느릿 흘러가는 물처럼 깊은 여운을 남긴다.

위만 쳐다보며 살아온 나의 목이 뻣뻣해지고 앞만 바라보며 빨리빨리 걸어온 발목이 부어오른 나를 보고 침쟁이가 힘을 빼고 가벼이 가벼이, 천천히 걸으라고 한다
풀벌레 노래도 들어보고 흐르는 냇물 속도 들여다보고 뒷동산 바람소리도 만져보며 가벼이 가벼이, 천천히 걸으라고 한다

경전의 등줄기도 찾아가 보라는 이도 만났다
숲속의 작은 호숫가에 반나절만 앉아 있어보라는 이도 만났다
백두대간을 종주해 보라는 이도 만났다
그믐밤 공동묘지에서 활개를 펴고 누워 별을 헤어보라는 이도 만났다

목에 핏대를 세우고 북치고 장구치는 광장의 말이 말이 아니라는 것을 보았다
뱃대기에 기름기 가득 실은 황금이 황금이 아니라는 것

을 보았다
서슬이 시퍼런 칼이 칼이 아니라는 것을 보았다

나는 시장바닥에서 살기로 하였다
땀내 비린내 고린내 범벅이 되어 고달픈 상처투성이들이 붐비는 시장바닥을 찾아 가벼이 가벼이 들어가는 길을 닦고 있는 중이다

— 「가벼이 가벼이」 전문

시적 화자 '나'는 그동안 "위만 쳐다보며 살아"왔고, "앞만 바라보며 빨리빨리 걸어"왔다. "발목이 부어오른 나를 보고 침쟁이가" 조언한 바는 "힘을 빼고 가벼이 가벼이, 천천히 걸으라"는 것. 김순일은 이번에도 독자들에게 속도 조절을 제안하고 있다. 시인에 따르면 진정한 삶을 위해서는 "풀벌레 노래도 들어보고 흐르는 냇물 속도 들여다보고 뒷동산 바람소리도 만져보며 가벼이 가벼이, 천천히 걸"어보는 일이 긴요하다.

김순일은 자신만을 고집하지 않는다. 그는 2연에서 "숲속의 작은 호숫가"나 "백두대간을 종주해 보라는" 등 다른 이들의 다양한 견해를 들어보기도 한다. 시인은 3연에서 기존의 편견이나 선입견을 극복하면서 새로운 자신을 정립한다. 그에 의하면 "목에 핏대를 세우고 북치고 장구치는 광장의 말이 말이 아니"고 "뱃대기에 기름기 가득 실은 황금이 황금이 아니"며 "서슬이 시퍼런 칼이 칼이 아니"다. 김순일은 이제 진정한 '말'과 '황금'과 '칼'을 다시 생각한다. 4연 1행의 진술 "나는 시장바닥에서 살기로 하였다"는

새로운 '나'를 대변하는 문장이다. "땀내 비린내 고린내 범벅이 되어 고달픈 상처투성이들이 붐비는 시장바닥"은 신생新生의 언어를 길어 올릴 수 있는 극적인 공간이다. 이제 우리네 삶은 "위만 쳐다보며" 나아가서도 안 되고 "앞만 바라보며" 전진해서도 안 된다. 우리에게는 아래도 살피고 뒤도 돌아보며 온갖 냄새 뒤섞인 시장바닥을 외면하지 않는 삶이 필요하다.

어머니는 오늘도
상처 많은 사과만 사오셨네

나는 한참 자랄 때까지
팔 남매를 키우느라
성한 데 없이 멍이 들어 있는
어머니의 애간장
그 걸 알지 못했네

상처 하나 없는 자식
허물 한 줄 없는
자식을 데리고 사는 어머니
어디, 하나라도 있을까?

어머니는 오늘도
팔 남매 하나 하나 어루만지듯
상처 많은 사과만 골라 사오셨네

상처 많은 사과가 맛있다며

—「어머니의 사과」 전문

작품의 구조에 주목할 필요가 있는 시이다. 1연과 4연은 돌아간 '어머니'를 소환한다. 흥미로운 점은 "오늘도"와 "사오셨네" 등의 어구에 힘입어 여전히 살아있는 '어머니'를 불러온다는 사실이다. 시적 화자 '나'는 당시에 어머니가 "상처 많은 사과만 골라 사오"신 까닭을 알지 못했다. 2연과 3연을 살피면 답변을 찾을 수 있겠다. 어머니는 "팔 남매를 키우느라/ 성한 데 없이 멍이 들어 있"었음을 "나는 한참 자랄 때까지", "알지 못했"다. 여덟 명의 자녀를 키우는 일은 "어머니의 애간장"이 타는 일이었음을 '나'는 뒤늦게 깨달은 것이다. 상처 많은 사과를 고르며 어머니는 팔 남매를 떠올렸을 테다. "가지 많은 나무에 바람 잘 날이 없다"라는 말이 적용될 수 있는 상황이다. 그런 까닭에 우리는 5연 "상처 많은 사과가 맛있다며"를 팔 남매를 향한 어머니의 무한한 사랑으로 이해할 수 있다.

두 살 박이 손녀가
계단을 오르락내리락 놀고 있습니다

오르고 내리며 기우뚱 비틀
아슬아슬 중심을 잡으며 웃습니다

저 손녀도 자라면서
위로 위로

내가 그랬던 것처럼
오르려고만 하지 않을까

머리를 위로만 곧추 세우고 살면서
하느님은 저 꼭대기에 계실 줄만 알았던

내가 나이든 아이가 되면서
아래로 아래로
철든 아이가 되어가고 있습니다

늦게
아주 늦게서야

하느님은
낮고 낮은 아래에 있다는 것을 알았습니다

—「늦게, 아주 늦게서야」 전문

김순일의 시는 소박한 진리를 반복적으로 제시한다. 이 시는 앞에서 살핀「가벼이 가벼이」의 연장선상에 위치한다. 시적 화자 '나'는 "두 살 박이 손녀가/ 계단을 오르락내리락 놀고 있"는 모습을 바라보는 중이다. "오르고 내리며 기우뚱 비틀/ 아슬아슬 중심을 잡으며 웃"는 손녀의 모습은 지극히 자연스럽다. 문제는 '나'가 "오르락" 또는 "오르고"에만 집중하고 있다는 점이다. 손녀는 분명히 계단을 "오르락 내리락" 또는 "오르고 내리며" 중심을 잡고 있으나 '나'는 의도적으로 "내리락"이나 "내리며"를 배제한다. '나'가 손녀의 행동에서 "오르락"이나 "오르고"에 집중하는 까닭은 무엇일까? 아마도 '나'는 손녀에게서 스스로의 모습을 확인했기 때문일 게다.

'나'와 닮은 손녀를 상상하는 일은 즐거운 일이어야 할 텐데 꼭 그렇지만은 않은가 보다. '나'는 자신이 걸어간 길을 같은 방식으로 걸어갈 손녀를 생각하면서 안타까움을 느끼고 있는지도 모른다. "하느님은 저 꼭대기에 계실 줄만 알았던", '나'는 "늦게/ 아주 늦게서야", "낮고 낮은 아래에 있다는 것을 알았"다. '하느님' 또는 '진리'는 '위'에 있는, '꼭대기'에 위치한 것이 아니라 '아래'에 자리하고 있음을 '아주 늦게' 깨달았다는 고백이 감동적이다. "철든 아이"가 되어 "두 살 박이 손녀"에게 전하는 '나'의 메시지는 강한 진정성으로 다가온다는 점에서 유의미하다.

부부는
두 그루의 가시나무

꽃그늘 속에서
사랑사랑 사랑노래를 부르다가
자작자작 금이 가기 시작하면
가슴에 가시가 돋아나고
혀에도 가시가 돋아나고
눈에도 가시가 돋아나고
웬수 웬수!가 된다

파경이 되지 않도록

장미를 가꾸듯
아카시아를 키우듯
서로
거름도 주고
북도 주고
벌레도 잡아주며
가시가 있는 듯 없는 듯
평생 가슴을 맞대고 살아야 할

부부는
두 그루의 가시나무

—「두 그루의 가시나무 —부부」 전문

이번 시집을 대표하는 시이다. 김순일은 구체화된 소재로 뚜렷한 주제를 구현하는데 일가견이 있다. 시인의 시안詩眼이 주목하는 대상은 "두 그루의 가시나무"이다. 그의 눈은 두 그루의 가시나무를 바라보면서 "부부"를 생각한다.

김순일이 '부부'를 '가시나무'로 파악한 까닭은 무엇인가? 사랑하는 연인이 부부가 되면 한동안은 "꽃그늘 속에서/ 사랑사랑 사랑노래를 부르"지만 이런 사랑 타령이 영원하기는 어렵다. 어쩌면 불가능에 가깝다고 말하는 게 타당할지도 모른다. 언제까지나 사랑이라는 이름의 불꽃이 타오를 것만 같던 부부 사이에 "금이 가기 시작하"고 "가시가 돋아나고" 심하면 "웬수!가 된다"는 게 사실이다.

시인은 부부의 '가시'와 '가시'가 서로를 찌르지 않도록 노력해야 한다고 제안한다. 그에 따르면 부부는 “장미를 가꾸듯”, “아카시아를 키우듯”, “거름도 주고”, “벌레도 잡아주며” 서로를 위하는 관계이다. “파경이 되지 않도록”, “평생 가슴을 맞대고 살아야 할” 두 사람이 ‘부부’임을 기억해야겠다. 부부가 두 그루의 나무이고 특히 가시나무이기에 세심하게 서로를 보듬어야 함을 일러주었다는 점에서 이 시는 구체성과 보편성이 아름답게 결합한 수작秀作으로 이해하기에 부족함이 없다.

어머니께서 시집올 때 함께 온 자개농
매일 털고 닦고 연륜의 때가 방글방글 윤이 나는데
어느 날부턴가 속에서 쏟아져 내리는 나무 가루

좀벌레가 살고 있었네

입속을 닦아내고 콧속 배꼽 속도 닦아내고
구멍이란 구멍 땀구멍까지 매일 닦아내고
화장하고 향수까지 뿌리고 나서는
내 마음 속에 살고 있는
‘ㅂ’자로 시작하는 부정 불의 비리 배신 불법……
‘ㅅ’자로 시작하는 사기 시기 새치기 살인……
곰팡이 슬은 말의 좀벌레를 어찌해야 하나

오늘 아침도 일찌감치 향수까지 뿌리고 나서는
나는 내 속에 자리 잡고 꿈틀대는
좀벌레를 비단옷으로 가리고

이웃들의 하찮은 좀벌레는 남김없이 잡아내려고
칼자루 움켜쥐고 가는
나를 웃는다
—「좀벌레」 전문

이것은 시간에 관한 이야기이다. "어머니께서 시집올 때 함께 온 자개농"은 숙성된 시간을 담은 포도주를 닮았다. 언젠가부터 자개농은 "나무 가루"를 쏟아내기 시작했고 "좀벌레"가 원인이었음이 밝혀진다. 흥미롭게도 좀벌레는 자개농에만 서식하는 대상이 아니었다. "내 마음 속에"도 "곰팡이 슬은 말의 좀벌레"가 있었던 것이다. "부정 불의 비리 배신 불법" 또는 "사기 시기 새치기 살인" 등이 시적 화자 '나'를 갉아먹고 있는 좀벌레들이었다. 온몸 구석구석과 모든 구멍을 닦아내고 "화장하고 향수까지 뿌리고", "비단옷으로 가리고" 싶었던 '나'는 "이웃들의 하찮은 좀벌레"를 "남김없이 잡아내려"는 스스로와 대면한다. 일말의 부끄러움을 느꼈던 것일까? "나를 웃는다"라는 진술에서 우리는 자신을 되돌아보는 성찰의 의지를 확인한다.

소가 그린 한국화의 풀밭엔
풀벌레의 노래가 살지 않는다
나비의 춤사위가 살지 않는다
배경으로 넉넉하게 품어주던
하늘과 산과 들판과 바다가 살지 않는다

소에게 던져준 화두는

600kg이 넘는 빼얼건 살덩이

입에서 똥구멍까지 직선으로 꿰어 있는
성장 호르몬은 구제역의 전도사

이제 소들은
논밭을 짊어지고 살던
느리고 멍청한 눈물을 모른다
—「멍청한 눈물」 전문

한국화에는 "소"를 비롯하여 "풀벌레"나 "나비" 또는 "하늘과 산과 들판과 바다" 등 다양한 대상이 등장한다. 한국화에서는 동물과 곤충을 비롯한 자연을 아우르는 것이 일반적인 방식이었을 게다. 한국화는 단순한 그림 또는 회화가 아닐 수 있다. 그것은 한국 사회의 원형 또는 전통을 보여주는 축도縮圖일 수 있기 때문이다.

언젠가부터 한국화 속의 풍경이 바뀌어버렸다. 더 이상 그곳에는 '소'도 '풀벌레'도 '나비'도 없고 '하늘'과 '산'과 '들판'과 '바다'도 없다. '소'는 이제 '자연'과 조화를 이루는 대상이 아니다. '소'는 "600kg이 넘는 빼얼건 살덩이"에 불과하다. "성장 호르몬"을 맞으며 몸집을 키우는 그것은 "구제역"에 노출될 뿐이다. 한때 "소들은/ 논밭을 짊어지고 살던/ 느리고 멍청한 눈물을" 아는 존재였다. 우리는 소들에게서 '느리고 멍청한 눈물'을 곧 순수의 결정을 기대할 수 없는 시대에 살고 있다. 제레미 리프킨이 『육식의 종말 Beyond Beef』에서 제시한 현대사회의 비극을 김순일은 시의 언어로 형상화하는 중이다.

> 벌이 죽는다
>
> 한여름 폭설이 내린다
>
> 가을 들판엔 쭉정이만 날린다
>
> 한겨울 폭우가 내린다
>
> 수벌은 발기부전
>
> 여왕벌은 불임
>
> 지구의 자궁엔
>
> 아기가 들어서지 않는다
>
> —「벌이 죽는다」 전문

앞에서 살핀 「멍청한 눈물」과 같은 계열을 이루는 시이다. "한여름 폭설"과 "한겨울 폭우"는 기상이변氣象異變으로 이해할 수 있는 사건이다. "수벌은 발기부전"이고 "여왕벌은 불임"이며 "벌이 죽는" 현실은 인류에게 보내는 지구의 경고일지도 모른다. "지구의 자궁엔// 아기가 들어서지 않는다"라는 시인의 진단은 생태학적 위기를 극적으로 보여주는 시적 은유가 된다.

고속도로가 곧고 넓게 뚫렸을 때 야, 신난다! 질주하는 맛이 시원했는데 갈수록 더 넓고 직선으로 뻥 뚫린 고속도로를 달리는 속도가 답답하다

어려서 시오리 학교 가는 길에 아주 쬐끔 소달구지라도 얻어 타는 날은 둑길 미루나무가 랄라랄라 손을 흔들며 지나가고 파란 하늘에 두둥실 흰구름 떼 웃음송이었는데

바람보다 빨리 질주하는 뻥! 뚫린 속도 앞에 휘청휘청 쓰러지는 나무와 구름이 어지럽다

산발치 동네에는 느긋하게 차례차례 피던 봄꽃들이 너나 없이 조급해져서 서둘러 우루루 몰려왔다 파장보다 쓸쓸히 썰물지는 속도가 답답하다

촉성으로 자란 채소를 먹고 삼겹살을 먹고 빨리빨리 웃자란, 나보다 머리통 하나는 더 있는 덩치 큰 아이들이 멍! 하니 땅끝을 향해 초고속으로 질주하는 속도가 답답하다

—「답답한 속도」 전문

새로 개통된 고속도로를 마주하면서 시적 화자 '나'는 시원함을 느꼈을 테다. 그러나 이 시의 제목은 '신나는 속도'가 아닌 "답답한 속도"이다. 독자들로서는 이러한 아이러니를 해소하고픈 욕망이 발생할 게다.

작품의 상황을 이해하려면 과거와 현재라는 시간의 간극을 살펴보아야겠다. "어려서 시오리 학교 가는 길"은 "소달구지"와 "둑길 미루나무"와 "파란 하늘"과 "두둥실 흰 구름

떼"로 그득했다. 속도의 관점에서 보면 유년 시절의 학교 가는 길이 답답해야 하지만 '나'는 이를 뒤집는다. "바람보다 빨리 질주하는" 고속도로의 "뻥! 뚫린 속도 앞에" "나무"는 "휘청휘청 쓰러지"고 "구름이 어지럽"기 때문이다.

'나'가 "나보다 머리통 하나는 더 있는, 덩치 큰 아이들"의 "초고속으로 질주하는 속도가 답답하다"라는 토로를 내세우는 까닭도 시간의 간극과 무관하지 않다. '나'에 따르면 "촉성으로 자란 채소를 먹고 삼겹살을 먹고 빨리빨리 웃자란" 그 아이들의 질주는 빠르지만 답답하다. '나'는 채소나 삼겹살을 먹지 못했고 키나 덩치도 작아서 빠르게 질주하지 못하지만 스스로의 속도가 답답하지 않다. 김순일은 여기에서 '나'의 질주가 느리지만 시원하고 신나는 것이라고 말하고 싶었던 걸까? 시인은 이 시에서 자연과 조화를 이루며 자연스럽게 흘러가는 게 진정한 삶이라고 이야기하는 건 아닐까?

3.

김순일은 40년 동안 시인으로서 활동하고 있다. 여든의 나이를 넘어서고 있음에도 불구하고 그의 시작詩作은 쉼 없이 전진한다. "사는 날까지 시와 함께 하였으면 좋겠다."는 시인의 바람은 이루어질까? 김순일은 "삼대가 사는 대가족"의 "함께 지지고 볶으며 사는 즐거움도 크다."라고 이야기한다. 요즘 보기 드문 행복한 삶의 형식일 수 있겠다.

시인의 열세 번째 시집 『두 그루의 가시나무』에 제시된 시 세계를 어떻게 이해해야 할까? 현대사회의 다채로운 편리는 문명文明의 발달에 힘입은 바 크다. 김순일에 따르면 현대사회의 편리와 속도와 문명에만 초점을 맞추어서는 곤란하다. 그는 앞만 바라보고, 위만 쳐다보며, '빨리빨리'를 외치는 한국사회의 속도전에 경종을 울리고 있다.

김순일은 '어머니'와 '아내'와 '손녀' 그리고 스스로를 돌아보면서 '시간'의 힘을 깨닫고 '사랑'의 가치를 되새기며 삶을 성찰한다. 그는 또한 성장 호르몬과 구제역에 노출된 '소'의 비극과 '벌'이 사라지는 생태학적 위기를 진단한다. 시인이 주목하는 시 세계의 스펙트럼이 지구 전체를 아우른다는 점은 긴요하다. 개인과 사회, 인간과 자연의 조화를 지향하는 김순일 시인의 시가 앞으로도 크고 넓고 깊게 펴져나가기를 진심으로 기원한다.

김순일

김순일 시인은 1939년 충남서산에서 태어났고, 1980년『현대시학』으로 등단했다. 시집으로는『서산사투리』,『섬』,『어둠꽃』,『서산장터』,『사람 어디 있나요』,『우울한 햇빛』,『숲의 나라』,『미꾸라지 사원』,『웃음을 돈사려고』,『부처한테 속아 인도에 가다』 등이 있다. '한국문협 충남지회장', '국제펜클럽한국본부 충남위원장', '서안시 초대회장' 등을 역임하였고, '서산문화대상', '충남예술상', '충남문학상', '충남문화상', '충남시인회 본상', '해동문학상', '시인정신상', '한성기문학상'과 대한민국정부로부터 '황조근정훈장'을 받은 바가 있다.
김순일 시인의 열세 번째 시집인『두 그루의 가시나무』는 이 세상에서 가장 꿀이 많고 그 품질이 좋은 '부부꽃'을 피우며, 오늘도, 지금 이 순간에도 수많은 벌과 나비들을 불러 모은다. 부부는 가시나무이고, 사랑의 꽃이고, 부부는 수많은 벌과 나비들의 조상이다.

이메일 : soonil39@hanmail.net

김순일 시집

두 그루의 가시나무

발　행 2019년 10월 27일
지은이 김순일
펴낸이 반송림
편집디자인 김지호
펴낸곳 도서출판 지혜
계간시전문지 애지
기획위원 반경환 이형권 황정산
주　소 34624 대전광역시 동구 태전로 57, 2층 도서출판 지혜 (삼성동)
전　화 042-625-1140
팩　스 042-627-1140
전자우편 ejisarang@hanmail.net
애지카페 cafe.daum.net/ejiliterature

ISBN : 979-11-5728-372-9 03810
값 9,000원